AF315864

DISCOURS

PRONONCÉ

PAR M. A. DAVIEL,

PREMIER AVOCAT-GÉNÉRAL,

DEVANT LA COUR ROYALE DE ROUEN.

(AUDIENCE SOLENNELLE DU 3 NOVEMBRE 1830.)

ROUEN,

F. BAUDRY, IMPRIMEUR DU ROI,

RUE DES CARMES, N°. 20.

1830.

DISCOURS

PRONONCÉ

PAR M. A. DAVIEL,

PREMIER AVOCAT-GÉNÉRAL.

Messieurs,

Si l'histoire est l'éternel enseignement des peuples, il est maintenant pour nous une irrécusable moralité, c'est celle qu'un des écrivains les plus distingués de la Grande-Bretagne a déduite des annales de son pays, qu'*une restauration est presque toujours la plus dangereuse et la plus mauvaise des révolutions.*

En Angleterre, la restauration des Stuarts avait bien prouvé cette vérité, et la France à son tour en a fait une dure expérience.

C'était la France du dix-neuvième siècle, étourdie un instant par la catastrophe imprévue de l'empire, mais couronnée encore de toutes ses gloires et reprenant courage aux cris de liberté.

1 *

Et de la terre d'exil revenaient, instruits, disaient-ils, par le malheur, les princes de la maison de Bourbon, revendiquant leurs droits à la couronne en échange de la paix et du gouvernement représentatif.

Ils promettaient garantie à tous les intérêts légitimes nés de la révolution ; la restauration du trône devait être aussi celle des franchises nationales, et un contrat commun, des sermens réciproques devenaient le titre du nouveau Roi et le nôtre. En un mot, nous rétablissions, sur les bases nouvelles données par l'immense progrès de la civilisation, l'antique alliance jurée, il y avait huit siècles, entre Robert-le-Fort et nos aïeux. (1)

Pendant quinze ans, au prix des plus pénibles sacrifices, la France a tenu ses promesses.

Mais aussi quinze ans d'épreuve lui ont appris que ni la liberté, ni la dignité, ni le bien-être du pays n'étaient compatibles avec une famille qui, élevée à l'école du pouvoir absolu, n'a jamais pu adopter sincèrement le régime constitutionnel ni les grandes choses enfantées par le mouvement national qui l'avait jetée et si long-tems retenue sur la terre étrangère.

---

(1) Dans une charte de l'an 1015, dont l'original était autrefois conservé dans les archives de l'église de Beauvais, le Roi Robert s'exprime ainsi : *Divinâ propitiante clementiâ, nos gallica liberalitas ad regni provexit fastigia.*

Nous invoquons ici tous vos souvenirs : la restauration a-t-elle été autre chose qu'une lutte perpétuelle entre les prétentions du droit divin et l'intérêt national? lutte qui s'ouvrit par les douleurs de l'invasion étrangère, et se termina au milieu d'une tentative impuissante de guerre civile, lorsqu'au jour marqué pour cet inévitable dénoûment, la vieille royauté féodale sortit des caveaux de Saint-Denis pour prendre place sur les ruines de la royauté constitutionnelle, et qu'il fut hautement avoué qu'*un cinq Septembre monarchique* s'exécute comme une Saint-Barthélemy, par le parjure et par le meurtre?

Pendant tout ce tems, un même principe a dominé l'administration intérieure, conduit les relations du dehors, absorbé l'impôt et le crédit public, et dicté toutes les lois sur lesquelles une représentation, à moitié fictive, était appelée à délibérer; principe hostile au pays, principe qui voulait reconstituer avec de gothiques élémens une société qu'un immense mouvement de progrès avait retrempée et grandie.

Pendant tout ce tems, le pouvoir s'est montré obstinément livré à des combinaisons, destinées, suivant lui, à fermer les plaies de la révolution, et, dans la réalité, à en étouffer les salutaires résultats; et la compression violente qu'il a exercée a porté sur toutes les institutions sociales pour les dénaturer, les entraver, ou les suspendre.

Tous, comme des captifs échappés à un dur escla-
vage, nous pouvons montrer l'empreinte des fers
dont on nous avait chargés.

Magistrats, officiers du ministère public, avocats, notre sort était commun, et des fonctions dont
l'indépendance est respectée sous les gouvernemens
les plus absolus, puisque leur domaine est celui de
la conscience, ont été constamment livrées, sous
ce prétendu régime constitutionnel, aux atteintes les
plus oppressives.

Profitons aujourd'hui des premiers instans de
liberté qui nous sont rendus et de cette grande éman-
cipation de la raison publique, pour rétablir dans
leur vérité les droits et les devoirs de la magistrature
et du barreau : ou plutôt dans un sujet si vaste,
permettez nous de choisir ce qui a dû surtout, dans
ces derniers tems, appeler nos méditations, et de
considérer spécialement les droits et les devoirs de
ce ministère auxiliaire de la magistrature qui, après
avoir subi les funestes influences de la restauration,
va reprendre enfin son véritable caractère, sous un
gouvernement vraiment national, sous un prince
qui a juré de ne *régner que par les lois et selon les
lois.*

L'établissement d'une magistrature placée près
de l'autorité judiciaire pour requérir et maintenir,
au nom du prince, l'exécution des lois ; pour veiller

à tout ce qui intéresse l'ordre général, les droits du monarque et ceux des personnes qui ne peuvent se défendre elles-mêmes ; enfin, pour faire exécuter les arrêts et les mandemens de la justice, est une des plus belles institutions des tems modernes ; et l'antiquité, qui, en livrant à l'action populaire la poursuite des crimes, avait été obligée de relever par les lois la délation même, ce qu'il y a de plus vil dans la la société, nous envierait, sans doute, un établissement qui dirige les accusations avec une activité sans passion, un courage sans acharnement, fait qu'on craint les lois et qu'on ne craint plus les délateurs.

Ses premiers linéamens se montrent dans la législation de Charlemagne ; mais ils périrent avec elle, pour reparaître de nouveau, aussitôt que la royauté, victorieuse de l'anarchie féodale, eut repris sa puissance et son action centrale.

Dès que les parlemens furent rendus sédentaires, le Roi fit choix, au sein du barreau, de ces avocats-généraux qui, dès-lors, jetèrent tant d'éclat sur la magistrature française, et dont l'un des premiers, Pierre de Cugnières, en introduisant la voie d'appel comme d'abus, sauva, par sa courageuse résistance, l'indépendance de la couronne du despotisme ultramontain.

Gardiens des lois fondamentales de la monarchie, quels grands exemples, quelles honorables traditions nous ont légués ces magistrats qu'on vit tour-àtour déployer leur courage pour défendre le dépôt des lois qui leur était confié, soit contre les factions intérieures, soit contre les puissances étrangères, ou contre les tentatives de la couronne elle-même!

Ecoutez comme ils comprenaient les devoirs du ministère public : c'est Etienne Pasquier, l'un d'eux, qui, dans une circonstance solennelle, les exprimait ainsi :

« Entre tous les officiers du Roi de cette France, on nous appelle spécialement gens du Roi, comme si nos états étaient particulièrement affectés au service de nos Rois, quoique tous les autres officiers soient aussi bien gens du Roi que nous. Puisqu'on nous fait cet honneur de nous qualifier tels, il me semble qu'avec toute honnête soumission, nous devons lui rendre service, tel qu'estimons en nos consciences devoir tourner au profit de lui et de son état..... Je dois la vérité à mon Roi : c'est une charge foncière annexée à ma conscience et à mon état, dont je ne puis me dispenser sans commettre félonie envers lui. »

Quelle longue suite de noms consacrés par la pratique de ces maximes et de toutes les vertus qui font le véritable magistrat!

Le premier des Séguier, le premier des Montholon, que le procureur-général Séguier appelait l'*Aristide français*, et dont la probité était si renommée que la cour tenait pour prouvés tous les faits qu'il avançait dans ses plaidoiries;

Les Harlay, qui fournirent au pays trois généra-
tions de magistrats sans peur et sans reproche ;

Servin, qui, comme un brave à qui il est donné de
mourir un jour de bataille, eut cette fortune de
rendre le dernier soupir à l'instant même où il venait
de faire entendre les accens les plus énergiques en
faveur de la liberté ;

Molé, dont on comparait le courage à celui du
Grand Condé lui-même ;

Omer et Denys Talon, figurant avec un égal
honneur au parlement et sur les bancs des états-
généraux ;

D'Aguesseau, qui mérita cet éloge, le plus dési-
rable de tous, d'avoir été l'homme du Roi, sans
oublier jamais qu'il était aussi l'homme de la patrie ;

La Chalotais, Monclar, Charles, immortalisés
par leurs luttes contre les plus dangereux ennemis
des libertés et de l'indépendance des nations ;

Joly de Fleury, Gilbert des Voisins, Grécourt,
indomptables adversaires du despotisme ministériel ;

Et Servan, digne de clorre cette liste glorieuse et
de faire ainsi en sa personne l'alliance des tems an-
ciens et des tems modernes, parce qu'il a fondé les
droits réciproques des rois et des peuples, non plus
sur les vieux titres de l'histoire, mais sur les enseignemens de la philosophie :

Jamais ces grands homme ne connurent d'autres
lois que celles de la conscience ; et l'autorité de leurs

** I

exemples suffisait pour retenir sous les règles austères du devoir ceux qui, dans les mêmes charges, n'étaient pas doués peut-être d'une vertu si haute.

Quel agent ministériel eût osé aborder de tels magistrats pour obtenir ce qu'il plaît d'appeler des concessions à la force des circonstances, des services pour la couronne?

Et cependant telle était la puissance des mœurs, tel était le respect du pouvoir pour l'indépendance de la magistrature, que, quoique les commissions données aux officiers du ministère public portassent une clause qui les rendait révocables, l'histoire, qui fournit tant d'exemples de généreuses résistances, ne fournit pas l'exemple d'une seule révocation.

Dans toute sa puissance et au plus fort de sa passion, Louis XIV n'osa destituer Fouquet de ses fonctions de procureur-général; et, lorsque La Chalotais fut livré aux ressentimens d'ennemis implacables, le ministère qui se livra contre lui à tant d'actes odieux, n'osa porter la main sur sa simarre.

Tel fut le ministère public sous l'ancienne monarchie. C'est ainsi que ses organes contribuèrent si puissamment à mériter aux tribunaux de leur patrie cet éloge, qu'en aucun autre pays du monde la justice n'était plus fidèlement rendue qu'en France; et si quelquefois leur mâle indépendance contraria les projets politiques de nos Rois, ceux-ci, jaloux surtout du titre de grands et bons justiciers, comprirent toujours que la moindre atteinte à cette indépendance nécessaire serait le signal de l'avilissement de la magistrature dans l'esprit des peuples.

Mais en marchant au rétablissement de l'ancienne monarchie, la restauration parut peut s'inquiéter de ce qui en faisait le principe essentiel : elle voulait nous rendre le pouvoir absolu, sans l'honneur qui lui servait jadis de contrepoids, et dénaturer les deux grands corps politiques, garantie de notre constitution nouvelle, sans nous rendre l'indépendance des corps judiciaires, garantie de l'ancien ordre monarchique.

Pour résumer, en les qualifiant d'un seul mot, une longue suite de faits trop notoires, l'invasion des passions politiques dans le sanctuaire de la justice est un des caractères qui ont signalé la période de restauration ou plutôt de perturbation que nous venons de parcourir. Le ministère voulut se rendre maître des jugemens ; et, pour se rendre maître des juges, on sait par quels moyens il effraya, par quels moyens il échauffa toutes les ambitions.

Il ne considéra plus les officiers du ministère public que comme des instrumens à son usage.

Aujourd'hui, dans l'ordre constitutionnel, ces officiers sont amovibles, et ils doivent l'être ; mais, précisément parce qu'il est maître de leur sort, le pouvoir doit éviter de paraître maître de leurs consciences. Il faut que ceux qui sont ainsi dépendans par leur position se relèvent aux yeux des peuples par l'indépendance de leur caractère. La considération publique est à ce prix ; et où serait la force morale d'un gouvernement qui ne s'appuîrait que sur des fonctionnaires dégradés dans l'opinion de leurs concitoyens ?

Eh bien ! dans les officiers du ministère public, la restauration n'a voulu voir que des agens à qui l'on peut tout demander, parce qu'ils sont sans responsabilité personnelle. Il semblait qu'il n'y eût plus en France qu'une seule conscience de magistrat, celle du garde-des-sceaux, et quand elle avait parlé, les autres devaient imposer silence à tout généreux scrupule.

Ce fut le règne de ces lettres ministérielles si brèves, si absolues, et dont le style paraît si étrange lorsqu'on le compare à celui des lettres qu'on a conservées des Lamoignon et des d'Aguesseau.

Encore si ces directions d'en haut eussent été restreintes aux choses de l'administration générale ! Mais, lorsque la politique ou quelques intérêts de cour s'y rattachaient par quelqu'endroit, les affaires particulières étaient elles-mêmes dominées par ces rescrits impérieux.

Quand la chancellerie déclarait un écrivain accusable, il fallait l'accuser, et si bien faire qu'on obtînt une condamnation. Quand elle décidait qu'une cause était mauvaise, il fallait conclure, il fallait juger contre le plaideur, ou bien l'avocat-général était révoqué de ses fonctions, et les tribunaux signalés comme traîtres à la cause des lois.

Bien plus, il ne fallait pas qu'un procureur-général, représentant de son pays, se ressouvînt de son serment d'agir en bon et loyal député, ou bien une prompte et éclatante disgrâce lui apprenait que le député investi de fonctions publiques devait inféoder sa conscience au ministère.

Et, si la peine suivait de près la moindre marque d'indépendance, les faveurs étaient prodiguées à tous ceux qui employaient au service de la politique un ministère tout de justice. Nul excès de zèle n'est demeuré sans récompense.

Disgrâces, faveurs pernicieuses surtout par la contagion de l'exemple ! Une seule destitution jetait la terreur dans toutes les ames ; une seule promotion enflammait toutes les ambitions ; on l'espérait du moins, et l'on voulait ainsi que ce fût une émulation générale de déférence passive ou de dévoûment effréné.

C'était surtout l'espoir de ce ministère qui, à une date à jamais mémorable, s'empara brusquement du pouvoir pour mettre à fin le grand œuvre de réaction qui, depuis quinze ans, avait été la pensée et l'objet de tous les efforts de la restauration.

Dénaturant la police judiciaire, qui ne doit causer

d'effroi qu'aux malfaiteurs, son premier acte fut d'essayer de transformer chaque parquet en saint-office d'inquisition politique ; et bientôt, à sa vive provocation, on vit fondre sur les écrivains les plus généreux, de ces accusations qui n'ont de honte que pour les accusateurs.

Pourquoi faut-il, Messieurs, qu'un grand nombre des officiers du ministère public se soient laissés entraîner dans cette nouvelle carrière? Pourquoi faut-il que, lorsque tant de simples citoyens se couvraient d'honneur en défendant les libertés publiques et les intérêts nationaux, les réquisitoires n'aient montré d'énergie que dans la défense des prétentions du droit divin et des doctrines de l'obéissance passive?

Enfin, pourquoi faut-il qu'encouragés, peut-être, par ces serviles complaisances, les ministres du 25 Juillet aient paru compter, pour le succès de leur attentat contre la Charte, sur l'appui ou du moins sur le silence du ministère public, premier gardien des lois ?

Grâce à Dieu, la Charte avait aussi pour garantie le courage des citoyens : celle-là, du moins, ne lui a pas manqué, et, dans cette lutte où, pour la première fois, sans doute, on vit un gouvernement en révolte contre les lois, combattant un peuple soulevé pour leur défense, force est demeurée à la liberté.

La restauration des Stuarts avait aussi bien long-
tems tourmenté l'Angleterre. Pendant vingt-huit
ans, les engagemens les plus sacrés avaient été mé-
connus ou éludés, les amnisties rompues, les plus
généreux citoyens persécutés, les intérêts nationaux
sacrifiés, les libertés civiles et religieuses foulées aux
pieds, l'obéissance passive et le droit divin consacrés par des tribunaux asservis, lorsqu'enfin un
grand mouvement national renversa en quelque
jours l'échafaudage factice d'un pouvoir en guerre
avec la société tout entière. Jacques II, livré aux
jésuites, avait tenté de renverser la constitution du
pays, en rompant le contrat primitif d'entre le Roi
et le Peuple. La minorité du fils, dont l'ame n'aurait pu sans doute échapper aux mêmes influences,
n'offrait pas au pays plus de sécurité que la cadu-
cité du père. La nation, déliée par le parjure, dé-
clara le trône vacant en fait et en droit. Elle con-
tracta un nouveau pacte avec un Roi qui, avouant
tenir d'elle tous ses droits, devait respecter les siens,
et, de cette glorieuse révolution de 1688, l'Angleterre date l'ère de sa prospérité, de sa gloire et de
sa liberté. Depuis 1688, sous un gouvernement où
l'intérêt national est la loi suprême, il ne s'est pas
passé une année qui ne fût marquée pour elle par
quelque conquête importante, par quelque progrès
salutaire de la liberté et de la civilisation.

Si la restauration des Bourbons fut la trop fidèle

image de la restauration des Stuarts, l'avenir qui s'ouvre devant nous, sous les auspices de la Maison d'Orléans et de la Charte du 7 Août, promet désormais à la France les bienfaits que, depuis un siècle et demi, l'Angleterre, libre au-dedans, puissante et respectée au-dehors, montre avec tant d'orgueil aux autres nations.

C'est ainsi qu'à un si long intervalle ces deux restaurations, ces deux révolutions offrent aux Rois et aux Peuples les mêmes enseignemens, comme les mêmes caractères historiques.

Un gouvernement qui se vante de ne tirer que de lui-même sa légitimité, doit tendre sans cesse à sacrifier les intérêts du pays au profit d'intérêts spéciaux que le pays repousse, à paralyser tous progrès nouveaux; et ce qu'il appelle ses soins réparateurs, ne sont en effet que des efforts rétrogrades pour ployer violemment la société à des choses qui ne sont plus selon ses besoins et ses lumières.

Au contraire, un gouvernement de franchise et de vérité, qui prend hautement pour but de tous ses actes l'intérêt national, comme il avoue hautement qu'il a pour seule légitimité le vœu de la nation, doit se montrer constamment le tuteur de tous les droits du peuple, de tous les progrès de l'esprit humain.

Tôt ou tard, le premier de ces gouvernemens arrive au terme où, ayant blessé tous les intérêts, tous les intérêts se détachent de lui, et il tombe sans regrets comme sans honneur.

Dans ces grands jours où la vieille royauté du pouvoir absolu sonnait le tocsin de la guerre civile, où étaient tous ces apôtres de la légitimité, qui avaient tant de fois juré de mourir en embrassant les autels de leur idole ? Où étaient les serviteurs qu'ils se vantaient d'avoir, par leurs beaux discours, convertis à leur foi ? Et ces soldats d'un drapeau qui n'était plus qu'un emblème suranné, comment ont-ils combattu.

La force leur a manqué à tous, parce que la force n'appartient qu'à la conviction, et que nul ne saurait plus avoir croyance sincère à ces vieilles superstitions du droit divin ; parce que nul peuple ne peut se croire lié par un contrat où il aurait tout conféré sans rien recevoir en échange que d'équivoques franchises, octroyées, révoquées à volonté.

Le peuple apporte sa force en partage au pouvoir qui lui promet en retour garantie pour ses droits, et le Roi, dont l'intérêt est solidaire avec l'intérêt de son pays, devient invincible, car son trône est entouré de *baïonnettes intelligentes.*

Telle est aujourd'hui la condition, si heureuse et pour lui et pour nous, de ce prince dont la France entière a salué l'avénement avec tant d'espoir et de confiance.

Roi vraiment français ! A Jemmapes, il combattait

pour l'indépendance nationale, il portait au feu les couleurs de la liberté. Plus tard, obéissant à regret à un décret de la convention, il quittait la France les larmes aux yeux. Jamais il n'a paru dans les rangs de nos ennemis; et quand, le 23 Mars 1815, il était de nouveau obligé d'abandonner la patrie, du moins il voulait lui donner une dernière marque de ses sentimens généreux, en dégageant les généraux sous son commandement des ordres qu'il leur avait transmis avant que Louis XVIII eût passé la frontière, et en déclarant *s'en rapporter à leur patriotisme, pour faire ce qu'ils croiraient le plus convenable aux intérêts de la France.*

Roi-Citoyen ! Il saura respecter les droits du peuple, puisqu'il se plaît à reconnaître que c'est du peuple qu'il tient ses droits. Il ne veut autour de sa personne ni troupes étrangères, ni troupes privilégiées ; et c'est surtout aux soldats-citoyens qu'il confie la défense de son trône et de l'indépendance nationale. Des prérogatives de la couronne, il ne conserve que celles qui sont indispensables pour assurer la prospérité du pays ; méritant, en un mot, par tous ses actes, qu'on puisse dire de lui, avec vérité, qu'il est *la meilleure des républiques.*

Autour de ce prince, qui a toujours vécu près du peuple, dont les habitudes se lient à nos habitudes, les pensées à nos pensées, se groupent toutes nos espérances, toutes nos affections, comme tous nos intérêts. Pour reconnaître nos devoirs envers lui,. la conscience n'a plus à lutter avec la raison : la raison publique avoue et confirme ses droits ; et nous sommes attachés de cœur à cette Maison féconde, qui promet à la France un si long avenir, non par la frivole préférence d'une famille sur une autre, mais par la conviction profonde que l'élévation de cette famille au trône était nécessaire au maintien de nos libertés civiles et religieuses.

· Voilà le dogme politique qui seul peut consacrer solidement l'alliance des droits du prince et des droits du peuple, et tel est désormais le nôtre.

Ses influences salutaires doivent se répandre sur toutes les institutions sociales, et les pénétrer, en quelque sorte, d'une nouvelle vie.

Le ministère public, en particulier, est fier de pouvoir aujourd'hui se retremper dans les traditions de l'ancienne magistrature, et de revendiquer la généreuse liberté qui lui appartient, en répétant, avec Omer Talon, que *la qualité de Roi des Français donne commandement sur des hommes de cœur et non sur des esclaves.*

Maintenant on devient officier du ministère public sans avoir à abjurer aucune de ses affections de citoyen, et pour servir avec plus d'autorité la cause des libertés publiques ; on devient officier du ministère public sans craindre de se voir imposer des devoirs en conflit avec la conscience.

Nos devoirs, c'est de maintenir, par notre vigilance, le pacte fondamental et tous les droits qui en dérivent ; c'est d'interpréter les lois par l'intérêt national, et, dans le doute, de faire prévaloir le sens le plus favorable à la liberté ; c'est de faire respecter l'ordre, sans troubler le repos public par cette ardeur inquiète qui confond l'imprudence avec le crime, la pensée avec l'action, et devant laquelle on paraît coupable dès qu'on est soupçonné.

Nos sermens, ce sont les vôtres, Messieurs. Il n'y a pas une conscience à part pour le ministère public. Nous requérons, et vous décidez d'après les mêmes lois. Nos conclusions ne doivent pas être moins libres que vos opinions. Comme vous, nous ne devons être esclaves d'aucun pouvoir, complaisans d'aucune faction ; et c'est à nous aussi que ce Roi, à qui chaque âge confirme le titre de *Père du Peuple*, recommandait de suivre la loi, malgré tous les ordres contraires que l'importunité pourrait arracher au monarque.

Comme la possession d'une place à l'abri des volontés ministérielles, ne suffit pas pour donner de l'indépendance aux ames serviles, des lumières aux ignorans, du désintéressement aux avares, de la modération aux ambitieux, de la probité aux gens sans délicatesse, et de l'impartialité aux hommes de parti, de même l'amovibilité des fonctions ne fait pas fléchir un caractère dont la forte trempe a été bien éprouvée.

L'indépendance est une qualité de l'ame que la loi ne communique pas : elle vient de plus haut et réside dans un sanctuaire inviolable.

L'homme sûr de sa conscience aime à suivre la voie du devoir à ses risques et périls. S'il était, vis-à-vis des agens du pouvoir, retranché dans une position inexpugnable, il craindrait qu'on attribuât à sa sécurité ses résistances à leurs désirs injustes, et, vertueux sans danger, sa vertu perdrait la moitié de son lustre. Quel guerrier pourrait prétendre au prix de la bravoure, s'il était invulnérable, et quel serait le mérite d'affronter les hasards du combat, si l'on n'avait rien à en craindre ?

Le magistrat du ministère public est donc placé dans cette situation, qui n'est pas sans attrait pour une ame généreuse, d'être soumis aux mêmes obligations que les autres magistrats, sans trouver dans sa position les mêmes sûretés. Ainsi ses résolutions patriotiques acquièrent plus d'éclat et peuvent s'élever jusqu'à l'héroïsme du dévoûment.

Mais, sans doute, les occasions violentes où le devoir, se trouvant ainsi aux prises avec l'intérêt, donne tant de relief à la vertu, seront rares sous un gouvernement vraiment national. L'ame du magistrat ne sera plus mise à ces rudes épreuves. Nous en avons pour garant l'homme consciencieux sous les auspices duquel Louis-Philippe a placé, dès les premiers instans de son pouvoir, tout l'ordre judiciaire. Comme, magistrat lui-même, il a connu tout le prix de l'indépendance, il saura respecter l'indépendance des magistrats, ses subordonnés; et désormais nos devoirs seront faciles.

Déjà les souvenirs de l'ancienne servitude s'effacent et disparaissent : les citoyens ne craignent plus de contraintes pour la conscience de leurs magistrats. Partout, en conférant des mandats nouveaux à ceux qui se présentaient au jugement de leurs commettans, après avoir accepté des fonctions judiciaires, le pays lui-même a proclamé la réhabilitation solennelle du ministère public : et son attente ne sera pas trompée.

Quel puissant gage pour l'avenir que cet heureux accord d'intérêts et de sentimens entre la France et son monarque! Quel encouragement pour nous de pouvoir nous montrer dans l'accomplissement de nos fonctions les hommes du pays en même tems que les gens du Roi! Et combien nous devons espérer de trouver confiance dans tous les esprits, concours dans toutes les volontés, lorsqu'il est ainsi notoire à tous que nos soins n'ont pour but que de maintenir ce qui est le vœu comme le besoin le plus pressant de la patrie : *la liberté dans l'ordre, et l'ordre dans la liberté!*

Messieurs les avocats, celui qui, de ce lieu, pour la première fois, s'adresse à vous, doit s'interdire

l'éloge des services que vous avez rendus à la cause
de la liberté, de tant d'autres côtés délaissée ou trahie :
il est un des vôtres, et le nouveau poste qu'il oc-
cupe ne peut lui faire oublier la place dont il était
naguères si fier au milieu de vos rangs, et une longue
et inaltérable confraternité de sentimens et d'efforts.

Mais, du moins, il a droit de s'applaudir avec vous
de voir enfin votre ordre recouvrer tout son honneur
et son antique indépendance.

Vous avez aussi dévoré les longues humiliations de
la restauration. Sous couleur de vous restituer des
prérogatives dont vous n'êtes ambitieux que parce
qu'elles sont indispensables au soutien des droits de
tous, elle vous avait enlevé jusqu'aux débris de vos
vieilles libertés, épargnés par l'empire. Mais elle
n'avait pu vous enlever cette énergie de l'ame, qui
sait surmonter les plus dures entraves.

L'entier rétablissement de votre ordre était réservé
à Louis-Philippe, parce qu'il veut donner satisfac-
tion à tous les intérêts légitimes, et qu'ayant fondé
son gouvernement sur la vérité, il sait qu'il n'a rien
à craindre de citoyens aussi éclairés que vous.

Déjà les droits, dont le besoin était le plus urgent,
vous sont assurés, et bientôt tomberont les derniers
restes de ces règlemens qui vous avaient si justement
blessés.

Un mur de séparation ne s'élève plus entre le
barreau et la magistrature ; et c'est sans doute,
comme nous, avec un vif sentiment de reconnais-

sance, que vous avez vu appeler sur les siéges de la cour ce jurisconsulte aimé et estimé de tous (1), que les suffrages de ses confrères avaient porté à la tête de son ordre; premier et digne usage de la liberté que vous avez recouvrée.

Le Roi obtiendra le prix de ses bienfaits, et vous lui rendrez en dévoûment et en fidélité, ce que vous recevez de lui en indépendance et en honneur.

Qu'ainsi se ravive et se renouvelle l'antique alliance de la magistrature et du barreau ! Que le barreau veille à l'entrée du sanctuaire de la justice comme une milice toujours prête de défenseurs dévoués à tous les droits, à toutes les infortunes ! Qu'aux portes du temple, le pays tout entier accourre et se presse ! Magistrats, l'opinion publique doit être votre lumière, et il faut que le peuple vous apporte sa force comme sanction de vos arrêts.

La magistrature, le barreau, le peuple, voilà les barrières insurmontables qui s'élèvent aujourd'hui entre les lois et l'arbitraire ; et, par un heureux accomplissement du pacte social qui met chaque citoyen sous la garantie de tous les autres, le règne de la justice est désormais assuré par un véritable concours de la nation elle-même à ses œuvres.

---

(1) M. Fercoq, élu bâtonnier des avocats le 29 Août, et nommé conseiller le   Octobre 1830.